LISA NIESCHLAG ✦ LARS WENTRUP

Nürnbergs WEIHNACHTS-KÜCHE

Food-Fotografie
Lisa Nieschlag

Rezepte & Food-Styling
Andrea Gottfreund

Stadtfotografie
Bernd Schwinn
Birgit Horvath
Marcus Puschmann
Fabian Pfaffenberger

Hölker Verlag

Süß & köstlich

Herzhaft & deftig

Weihnachtsgrüße

aus Nürnberg

Wie das leuchtet!

Alle Jahre wieder verwandeln festlich geschmückte Häuser, funkelnde Tannenbäume und ein Meer aus Lichterketten Nürnberg in ein „Städtlein aus Holz und Tuch". Und wenn das Christkind auf dem Hauptmarkt feierlich den Christkindlesmarkt eröffnet, beginnt sie endlich: die schönste Zeit im Jahr.

Durch die Gassen der Altstadt strömt der unwiderstehliche Duft von Glühwein und frisch gegrillten Bratwürstchen. In den Backstuben der Lebküchner entstehen die köstlichsten Lebkuchen-Kreationen, auf dem Markt der Partnerstädte lassen sich Weihnachtstraditionen aus aller Welt entdecken, und beim Lichterzug hinauf auf die Kaiserburg bringen bunte Laternen die Augen von Groß und Klein zum Strahlen.

Ob fränkische Schneeballen, Schäufele mit Kloß oder wärmender Bierpunsch – mit Köstlichkeiten aus Nürnbergs Winterküche lädt dieses Buch zum Schlemmen ein und weckt die Vorfreude auf eine wunderbare Weihnachtszeit in Nürnberg.

Nürnberger Elisenlebkuchen

Der Legende nach ersann ein Nürnberger Lebküchner das Rezept für die Elisenlebkuchen für seine kranke Tochter Elisabeth. Die darin enthaltenen Gewürze galten als Heilmittel, und tatsächlich kam Elisabeth wieder zu Kräften. Durch ihr verführerisches Aroma sind Elisenlebkuchen noch heute ein Genuss für Jung und Alt.

Für 20 Stück

Für den Teig
5 Eier (Gr. M)
4 EL flüssiger Honig
100 g brauner Zucker
100 g Zitronat
100 g Orangeat
200 g gemahlene Mandeln
200 g gemahlene Haselnüsse
50 g gehackte Mandeln
50 g gehackte Haselnüsse
1 ½ TL Zimt
1 TL Lebkuchengewürz
1 Prise Salz
20 Backoblaten

Für die Dekoration
50 g gehäutete, ganze Mandeln
100 g Puderzucker
3 EL Rum oder Zitronensaft

Für den Teig Eier, Honig und Zucker mit dem Handrührgerät dickflüssig aufschlagen, bis die Masse heller wird. Zitronat und Orangeat sehr fein hacken, unter die Eiermasse heben. Mandeln und Haselnüsse ebenfalls unterheben. Mit Zimt, Lebkuchengewürz und Salz würzen und alles gut miteinander vermengen.

Den Backofen auf 160 °C vorheizen.

Je 1 Oblate in die Hand nehmen und eine walnussgroße Menge Lebkuchenteig in die Mitte der Oblate geben. Mit einem Messer (oder Löffel) den Teig zum Rand hin abfallend glatt verstreichen. Auf ein mit Backpapier ausgelegtes Backblech setzen. Jeden Elisenlebkuchen mit 3–4 Mandeln dekorieren.

Die Lebkuchen ca. 20 Min. backen, bis sie leicht gebräunt sind. Auf einem Kuchengitter auskühlen lassen.

Für die Glasur den Puderzucker mit dem Rum oder Zitronensaft glatt rühren und die Elisenlebkuchen damit bestreichen.

Tipp

Etwas kräftiger schmecken die Lebkuchen, wenn der Teig zusätzlich mit 3 EL Rum verfeinert wird. Schokoladen-Fans nehmen anstelle der Puderzucker-Glasur 100 g geschmolzene Kuvertüre zum Überziehen der Elisenlebkuchen. Luftdicht verpackt halten sich die Lebkuchen 2 Wochen frisch. Damit sie nicht aneinander festkleben, zwischen die Lagen am besten einen Bogen Backpapier legen.

Glühwein

Was wäre ein Weihnachtsmarktbummel ohne Glühwein? Um ihn auch zu Hause genießen zu können, probieren Sie diese aromenreiche Variante. Ganz wichtig dabei: Verwenden Sie einen qualitativ hochwertigen Wein.

Rotwein, Orangensaft und Zucker in einen Topf geben. Zitrone heiß waschen, abtrocknen und mit dem Sparschäler die Schale in dünnen Streifen herunterschneiden. Die Zitronenschale und die Gewürze zur Flüssigkeit im Topf geben und alles verrühren, bis sich der Zucker aufgelöst hat. Den Glühwein auf dem Herd bei mittlerer Temperatur erhitzen und abgedeckt 15 Min. ziehen lassen. Der Glühwein darf nicht kochen!

Den Herd ausschalten und den Cointreau zufügen, den Deckel wieder auflegen. Den Glühwein nochmals 5 Min. ziehen lassen. Währenddessen die Orange heiß waschen, abtrocknen, in ca. 0,5 cm dicke Scheiben schneiden. Die Scheiben halbieren und jeweils ½ Scheibe in die vorbereiteten Gläser geben. Den heißen Glühwein durch ein Sieb in die Gläser füllen und sofort genießen.

Für 6 Personen

750 ml trockener Rotwein
150 ml Orangensaft
80 g brauner Zucker
1 Bio-Zitrone
3 Kardamomkapseln
3 Zimtstangen
3 Sternanis
6 Gewürznelken
1 Macisblüte
250 ml Cointreau

Außerdem

1 Bio-Orange

Tipp

Probieren Sie sich aus! Nehmen Sie anstelle von Rotwein einen Weißwein und ersetzen Sie den Orangensaft durch klaren Apfelsaft. Auch die Gewürze können Sie beliebig ergänzen und beispielsweise noch Muskat oder Piment zufügen.

Lebkuchen-Rumkugeln

In den meisten Konditoreien gibt es die schokoladigen Leckerbissen zu kaufen, dabei sind Rumkugeln einfach selbst herzustellen. Wir verfeinern sie mit Lebkuchen. Ein Genuss zur Weihnachtszeit für die gesellige Kaffeetafel oder als Mitbringsel aus der Küche.

Für 15 Stück

8 Elisenlebkuchen
(siehe S. 10)
7 EL brauner Rum
100 g Zartbitterschokolade
2 EL Kokosöl
50–100 g geraspelte
Vollmilchschokolade

Lebkuchen mit einer Moulinette klein hacken und den Rum untermengen. Die Zartbitterschokolade grob zerkleinern und mit Kokosöl in einer Schüssel über dem Wasserbad schmelzen lassen.

Die flüssige Schokolade unter die Lebkuchenmasse mischen. Aus der Masse walnussgroße Kugeln formen und diese in geraspelter Schokolade wälzen.

Die fertigen Rumkugeln mindestens 1 Std. abgedeckt in den Kühlschrank stellen. Erst kurz vor dem Verzehr herausnehmen.

Tipp

Der Rumkugelteig lässt sich nach Belieben mit gehackten Mandeln oder Haselnüssen veredeln. Statt in Schokoraspeln können die Rumkugeln auch in braunem Zucker oder Puderzucker gewälzt werden. Luftdicht verpackt sind sie im Kühlschrank 1–2 Wochen haltbar.

Grießflammeri mit Bratapfelgröster

Diese Art von Pudding ist seit Omas Zeiten ein Klassiker unter den Desserts. Das Besondere: die weiche und fluffige Konsistenz. Mit dem Bratapfelgröster ein perfektes Weihnachtsdessert, das sich gut vorbereiten lässt.

Für den Grießflammeri die Eigelbe und den Zucker mit dem Stabmixer schaumig schlagen, bis die Masse hell wird. Die Gelatine in kaltem Wasser einweichen.

Die Vanilleschote längs aufschlitzen und das Mark herauskratzen. Die Milch mit Vanilleschote, Vanillemark und Zitronenschale in einem Topf aufkochen. Den Grieß einrieseln lassen und alles gut verrühren. Bei milder Hitze 5 Min. unter ständigem Rühren zu einem Grießbrei kochen. Vom Herd nehmen und die Vanilleschote entfernen.

Die Gelatine gut ausdrücken und in der warmen Grießmasse auflösen. Den Rum und den Cointreau unter die Masse rühren. Den Grießbrei anschließend langsam unter die Eigelbmasse rühren und auf Zimmertemperatur abkühlen lassen. Das Eiweiß mit einer Prise Salz zu einem cremigen Schnee schlagen. Die Sahne halb steif schlagen. Die Sahne und den Eischnee locker mischen und unter die Grießmasse heben. Die Grießmasse in Gläser füllen und 2 Std. abgedeckt in den Kühlschrank stellen.

Den Backofen auf 180 °C vorheizen. Währenddessen für das Gröster die Äpfel schälen, vierteln, entkernen und grob zerkleinern. Die Vanilleschote längs aufschlitzen, das Mark herauskratzen und mit den Äpfeln und den restlichen Zutaten in einer Auflaufform mischen. Unter gelegentlichem Rühren im Ofen 15–20 Min. nicht zu weich dünsten. Zimtstange, Sternanis und Gewürznelken entfernen, die Apfelstücke gut vermischen und abkühlen lassen.

Bratapfelgröster in die Gläser auf den Flammeri geben und servieren.

Für 10 kleine Portionen

Für den Grießflammeri

2 Eigelbe
3 EL Zucker
3 Blatt Gelatine
1 Vanilleschote
250 ml Milch
1 Msp. abgeriebene
Zitronenschale
40 g Hartweizengrieß
1 TL Rum (alternativ:
½ Fläschchen Rumaroma)
1 EL Cointreau
1 Eiweiß
1 Prise Salz
200 g Sahne

Für das Bratapfelgröster

5 Äpfel (Boskop)
1 Vanilleschote
Saft von ½ Bio-Zitrone
1 Zimtstange
2 Sternanis
2 Gewürznelken
80 g brauner Zucker
2 EL Butter
1 Prise Lebkuchengewürz

19

Kirschmännle

Diese traditionelle Süßspeise ist in jedem alten Backbuch zu finden. Ein echter Klassiker, dessen Duft und Geschmack an glückliche Kindheitstage erinnern.

Den Backofen auf 180 °C (Umluft) vorheizen.

Für 1 Auflaufform
(ca. 20 x 30 cm)

3 Eier (Gr. M)
250 ml Milch
200 ml Sahne
40 g Zucker
1 TL Zimt
1 Pck. Vanillezucker
1 Prise Salz
1 TL Abrieb einer
Bio-Zitrone
370 g Schattenmorellen
(Glas)
3–4 weiße Brötchen
vom Vortag
2 Scheiben Schwarzbrot
oder dunkles Roggenbrot
vom Vortag
1 EL Butter plus etwas
zum Ausstreichen
der Auflaufform
1–2 EL Mandelblättchen
1 EL Puderzucker

Eier, Milch, Sahne, Zucker, Zimt, Vanillezucker, Salz und Zitronenabrieb in einer Schüssel gründlich vermengen. Die Kirschen in einem Sieb abtropfen lassen. Die Brötchen in dünne Scheiben und dann in ca. 4 cm lange Stücke schneiden. Das Schwarzbrot ebenfalls in Scheiben schneiden und dann in kleine Stücke zupfen. Alles in die Eier-Sahne-Milch geben, einmal umrühren und 10 Min. stehen lassen. Danach vorsichtig die Kirschen unterheben.

Die Auflaufform mit Butter einfetten. Die Teigmasse in die Form geben. Mit Butterflöckchen belegen. Den Kirschmännle für ca. 45 Min. backen. Wenn der Auflauf zu dunkel werden sollte, mit Alufolie abdecken.

Anschließend aus dem Backofen nehmen und auskühlen lassen. Mandelblättchen in einer beschichteten Pfanne ohne Fett anrösten, bis sie leicht gebräunt sind und zart duften. Den Kirschmännle mit Mandelblättchen und Puderzucker bestreut servieren.

Tipp
Vanillesoße oder Vanilleeis passt besonders gut dazu.

Aprikosenknödel

Der Winter kann kommen, denn dann schmecken süße Knödel noch mal so gut! Diese Knödel werden mit einem geschmeidigen Kartoffel-Grießteig zubereitet, der sich wunderbar verarbeiten lässt.

Für den Teig die Kartoffeln waschen und mit Schale in einem Topf ca. 25 Min. gar kochen. Die noch heißen Kartoffeln pellen und durch eine Kartoffelpresse in eine große Schüssel drücken. Dann das Mehl, Grieß, Butter, 1 Prise Salz und den Zitronenabrieb zufügen und alles gut vermengen. Zum Schluss das Ei zugeben. Alles zu einem homogenen Teig kneten. Den Knödelteig nicht zu lange kneten, sonst wird er zäh. Falls nötig, noch etwas Mehl zufügen. Den Knödelteig zu einer dicken Rolle formen. Stücke von ca. 80 g abschneiden und mit bemehlten Händen zu einer Kugel formen, dann flach drücken.

Für die Füllung Aprikosen fein würfeln und mit dem Marzipan vermengen. Je 1 TL Füllung auf die Teigscheiben geben. In der Hand den Teig wieder zur Kugel formen, sodass die Füllung von der Kartoffelmasse umschlossen ist. So weiter verfahren, bis der Teig verbraucht ist.

In einem Topf Wasser mit 1 Prise Salz zum Kochen bringen. Die Aprikosenknödel vorsichtig hineinlegen und in dem leicht kochenden Wasser 8–10 Min. kochen. Am Ende der Garzeit sollten die Knödel an der Wasseroberfläche schwimmen. Danach die Klöße einzeln mit der Schöpfkelle entnehmen.

Für die Panade Butter in einer Pfanne erhitzen, Semmelbrösel, Mandeln und Zucker zufügen und ständig rühren, bis alles goldbraun ist. Die Aprikosenknödel in der Panade wälzen. Zum Schluss mit Puderzucker bestäuben.

Tipp

Mit dem Knödelteig lassen sich auch hervorragend Zwetschgenknödel herstellen. Dazu Zwetschgen halbieren, mit einem Würfelzucker füllen und wieder verschließen.

Für 12–15 Knödel

Für den Teig
800 g Kartoffeln
(mehligkochend)
180 g Mehl (Type 405) plus
etwas zum Verarbeiten
50 g Weichweizengrieß
120 g Butter
Salz
½ TL Abrieb von
1 Bio-Zitrone
1 Ei (Gr. M)

Für die Füllung
6–8 getrocknete Aprikosen
(geschwefelt)
50 g Marzipan

Für die Panade
1 EL Butter
200 g Semmelbrösel
50 g gehackte Mandeln
4 EL Zucker

Außerdem
Salz
Puderzucker zum
Bestäuben

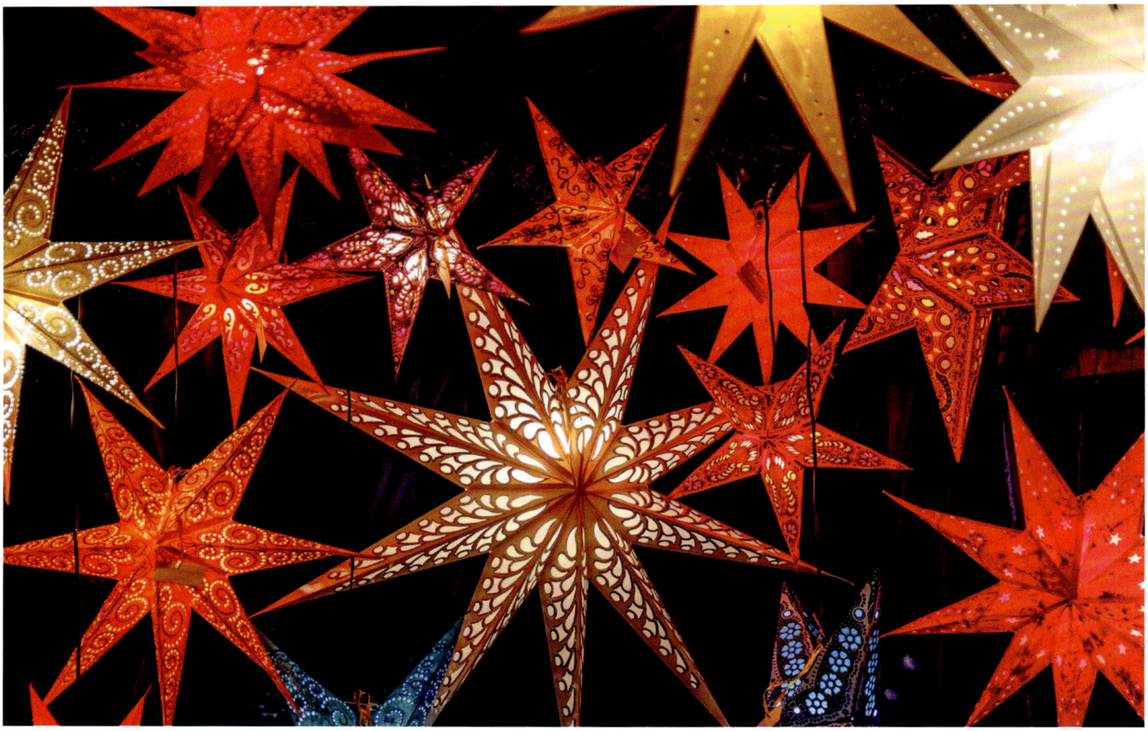

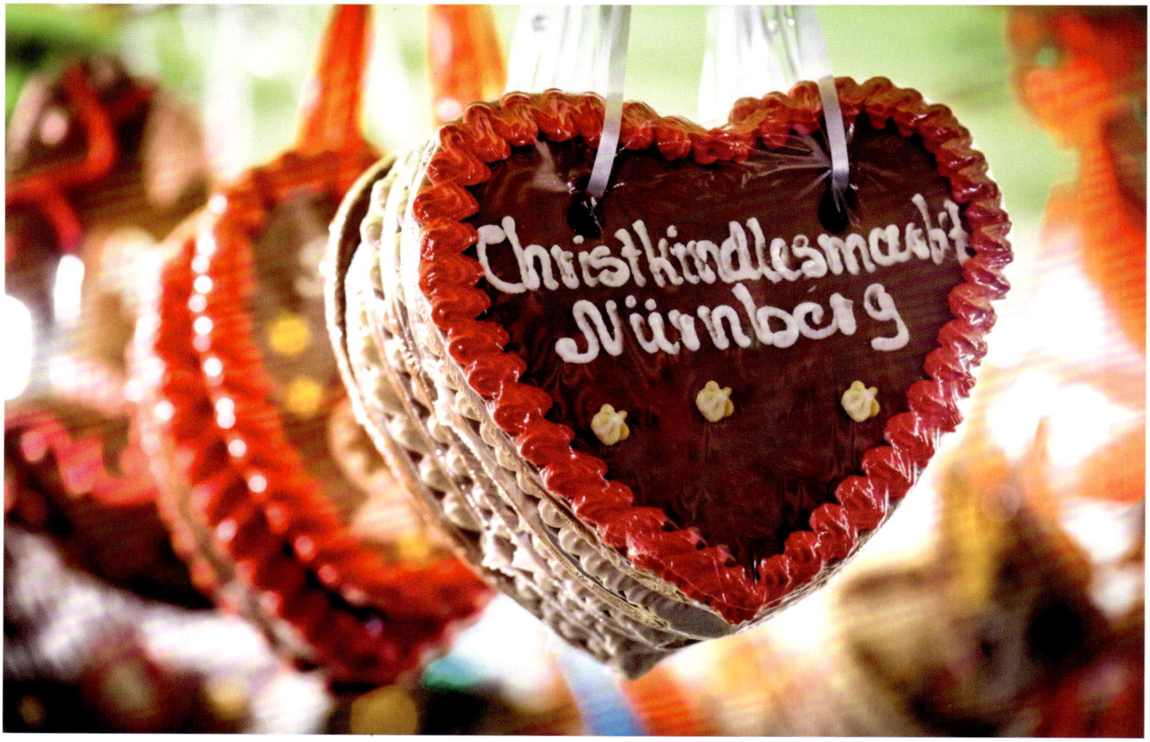
Christkindlesmarkt
Nürnberg

Knieküchle mit Zimt-Zucker

Knieküchle oder auch „Auszogne" sind ein typisch fränkisches Hefegebäck, das früher traditionell zum Kirchweihfest gebacken wurde. Der Teig wird so geformt – „übers Knie gezogen" –, dass die Knieküchle in der Mitte ganz dünn sind und außen einen schönen dicken Rand haben.

Für 12 Knieküchle

200 ml Milch
50 g Butter
30 g Hefe
500 g Mehl (Type 550)
50 g Zucker
1 Pck. Vanillezucker
Abrieb von ½ Bio-Zitrone
20–40 cl Pflaumen-
schnaps
1 Prise Salz
1 Ei (Gr. M)
1 Eigelb

Außerdem

1 l neutrales Öl
(z. B. Sonnenblumenöl)
zum Ausbacken
1 EL Zimt-Zucker

Die Milch in einem Topf lauwarm erwärmen, Butter und Hefe zufügen. Alles gut miteinander verrühren, bis sich die Hefe aufgelöst hat. Mehl, Zucker, Vanillezucker, Zitronenabrieb, Pflaumenschnaps, Salz, Ei und Eigelb in eine Rührschüssel geben und mit der Hefe-Milchmischung mithilfe eines Handrührgeräts zu einem Teig verkneten. Hefeteig abdecken und für ca. 40 Min. an einem warmen Ort gehen lassen, bis sich der Teig verdoppelt hat.

Den Hefeteig zu 12 gleich großen Kugeln formen. Auf ein mit Backpapier ausgelegtes Backblech setzen und nochmals 20 Min. gehen lassen.

Anschließend mit dem Finger eine Mulde in jede Kugel drücken und den Teigling „ausziehen". Jede Hefekugel zwischen den Händen so auseinanderziehen, dass sie in der Mitte hauchdünn und zum Rand hin dicker sind. Den Rand zu einer Wulst formen. Mit speziellen Knieküchle-Formern aus Holz geht das „Ausziehen" noch schneller von der Hand. Die Knieküchle nochmals für 10 Min. ruhen lassen.

Das Öl in einem hohen Topf langsam auf 170 °C erhitzen. Um zu überprüfen, ob das Fett heiß genug ist, einfach einen Kochlöffelstiel in das heiße Öl eintauchen. Wenn an dem Stiel kleine Bläschen hochsteigen, hat es die richtige Temperatur.

Die Knieküchle portionsweise in das heiße Öl gleiten lassen. Mit einem Esslöffel heißes Fett über die dünne Mitte gießen, damit der Teig nicht bricht und schön hell bleibt. Die Küchle goldbraun ausbacken. Mit einer Siebkelle herausnehmen und auf Küchenpapier abtropfen lassen. Mit Zimt-Zucker bestreuen und am besten warm servieren.

Fränkische Schneeballen

Fränkische Schneeballen sehen toll aus, aber es braucht etwas Geduld, um sie schön rund auszubacken. Frisch zubereitet sind sie einfach am leckersten. Mit einem Klecks Sahne zu einer Tasse Kaffee oder Tee: ein Gedicht!

Alle Zutaten mit den Knethaken eines Handrührgeräts zu einem geschmeidigen Teig kneten. Den Teig in Frischhaltefolie wickeln und mindestens 2 Std. im Kühlschrank ruhen lassen.

Das Öl in einem hohen Topf langsam auf 170 °C erhitzen. Um zu überprüfen, ob das Fett heiß genug ist, einfach einen Kochlöffelstiel in das heiße Fett eintauchen. Wenn an dem Stiel kleine Bläschen hochsteigen, hat es die richtige Temperatur.

Den Teig in 10 gleich große Stücke teilen. Jedes Teigstück zu einer runden Platte von ca. 15 cm ⌀ ausrollen. In jede Platte mit dem Teigrädchen 1,5 cm breite Streifen rädeln, aber nicht über den Rand schneiden! Ringsum muss noch ein etwa 1,5 cm breiter Rand stehen bleiben. Mit dem Holzkochlöffel jeden zweiten Streifen aufnehmen und in einer drehenden Bewegung die aufgedrehte Teigplatte in eine Suppenkelle gleiten lassen.

Nun die gefüllte Suppenkelle in das heiße Fett gleiten lassen und mit beiden Suppenkellen den Schneeballen zusammenhalten, bis er sich zu einer Kugel ausgedehnt hat. Von beiden Seiten 5–8 Min. goldbraun ausbacken. Mit Puderzucker bestäubt servieren.

Tipp

Der Teig kann mit Kirschwasser oder Zwetschgenbrand verfeinert werden. Wenn noch Teig übrig bleibt, kann dieser gut eingewickelt für einen weiteren Tag im Kühlschrank gelagert oder eingefroren werden.

Für 10 Stück

350 g Mehl (Type 405)
2 Eier (Gr. M)
40 g Zucker
1 Pck. Vanillezucker
150 g Schmand
Abrieb von ½ Bio-Zitrone
1 Prise Salz
150 g weiche Butter

Außerdem

1 l neutrales Öl
(z. B. Sonnenblumenöl)
zum Ausbacken
1 Teigrädchen
1 Holzkochlöffel
2 Suppenkellen
1–2 EL Puderzucker
zum Bestäuben

Heißer Bierpunsch

Dieses Rezept ist eine tolle Alternative zu Glühwein und macht auch optisch etwas her! Überraschen Sie Ihre Gäste damit und probieren Sie aus, mit welchem Bier es Ihnen am besten schmeckt.

Für 4 Personen

500 ml kräftiges Bier
(z. B. malziges Lagerbier
oder Weißbier)
2–4 EL Honig
30 ml Sahne
1 Pck. Vanillezucker
Abrieb von 1 Bio-Zitrone
1 TL Abrieb von
1 Bio-Orange
2 Zimtstangen
1 Prise gemahlene
Gewürznelken
1 Prise gemahlener Ingwer
50 ml Amaretto

Außerdem
100 ml Sahne
1 TL Zimt-Zucker

Bier, Honig, Sahne und Vanillezucker in einem Topf miteinander verquirlen und bei mittlerer Hitze erwärmen. Die Flüssigkeit soll nicht kochen. Nun den Zitronen- und Orangenabrieb und die Gewürze zufügen. Alles ca. 10 Min. abgedeckt ziehen lassen. Zum Schluss den Amaretto unterrühren.

Sahne steif schlagen. Den heißen Bierpunsch durch ein Sieb in Gläser oder Tassen gießen. Mit der Sahne toppen und mit Zimt-Zucker bestreuen.

Tipp

Mit Weinbrand oder braunem Rum schmeckt der Bierpunsch auch sehr fein. Wenn es noch weihnachtlicher sein darf, geben Sie etwas Lebkuchengewürz zu. Wenn Sie den Bierpunsch gerne dickflüssiger mögen, können Sie die Flüssigkeit mit 3 Eigelb verrühren und unter ständigem Rühren über einem Wasserbad aufschlagen, bis sie eindickt.

Tatsch-Nudeln
mit Backobstkompott

Ob Tatsch-, Datsch- oder Datschn-Nudeln: Diese Süßspeise heißt von Ort zu Ort anders und ist seit Generationen ein beliebtes Familiengericht. Als Hauptzutat dient auch hier der Favorit der Franken: die Kartoffel.

Für das Kompott das Backobst in eine Schüssel geben und mit Wasser bedecken. Über Nacht einweichen lassen. Am nächsten Tag das Backobst samt Einweichwasser in einen Topf geben und mit Weißwein auffüllen. Lebkuchengewürz einrühren. Alles ca. 30–40 Min. köcheln lassen, bis das Trockenobst zerfallen ist. Nun die Aprikosenmarmelade unterrühren. Den Topf vom Herd nehmen und das Kompott abkühlen lassen.

Für die Tatsch-Nudeln die Kartoffeln waschen und mit der Schale kochen, bis sie gar sind. Die noch heißen Kartoffeln pellen und durch eine Kartoffelpresse in eine Schüssel drücken. Mit Mehl, Salz, Vanillezucker und Eiern zu einem geschmeidigen Kartoffelteig verarbeiten.

Den Backofen auf 180 °C vorheizen.

Auf einer bemehlten Arbeitsfläche den Teig zu fingerdicken, 6–8 cm langen Nudeln formen und in einer Pfanne mit Butterschmalz goldgelb anbraten. Nebeneinander in eine gefettete Auflaufform legen, mit Buttermilch übergießen und so lange im vorgeheizten Ofen backen, bis aus der Buttermilch eine schöne knusprig-braune Schicht geworden ist.

Warm oder auch kalt mit Zimt-Zucker servieren und das Backobstkompott dazu reichen.

Tipp

Als deftige Variante schmecken die Tatsch-Nudeln auch mit Sauerkraut und Speck. Dafür auf den Vanillezucker im Teig verzichten.

Für 4 Portionen

Für das Backobstkompott

250 g gemischtes Backobst
150 ml Weißwein (z. B. Silvaner oder Bacchus)
½ TL Lebkuchengewürz
2 EL Aprikosenmarmelade

Für die Tatsch-Nudeln

600 g Kartoffeln (mehligkochend)
60 g Mehl (Type 405) plus etwas zum Verarbeiten
40 g doppelgriffiges Mehl (z. B. Spätzlemehl)
1 Prise Salz
½ Pck. Vanillezucker
2 Eier (Gr. M)
50 g Butterschmalz plus etwas zum Einfetten der Auflaufform
300–500 ml Buttermilch

Außerdem

1–2 EL Zimt-Zucker

Bruno
und das
Lebkuchenherz

Am späten Vormittag weckt mich wie jeden Tag der Duft frischer Bratwurst. Die Zeit des Christkindlesmarkts ist die schönste im Jahr, und das liegt allein an diesem Bratwurstduft. Er zieht von der Marktbude gegenüber zu uns herüber und ist so verführerisch, dass er mich aus meinem Vormittagsschläfchen reißt. Ich hebe den Kopf, das Wasser läuft mir im Maul zusammen ... fast vergesse ich, wo ich bin, und fange vor Glück an zu bellen.

Das geht natürlich nicht. Eigentlich darf ich ja gar nicht hier sein. Ich schüttele den Kopf, kuschele mich in meine Nische unter dem Tresen und höre mit einem Ohr, wie Leila ihre Kunden bedient. Manchmal frage ich mich, warum mir das Schicksal ausgerechnet ein Frauchen beschert hat, das Lebküchnerin ist und einen Marktstand gegenüber dem von Stoltzings Original Nürnberger Rostbratwürsteln hat. Lebkuchen, schön und gut, aber was ist ein Lebkuchen gegen eine zünftige Wurst?

Leila aber ist Lebküchnerin aus Leidenschaft. Ihre Eltern haben ein kleines Lebensmittelgeschäft, und schon als Kind mochte sie besonders die vielen verschiedenen Gewürze, die eine ganze Regalwand füllen. Und diese sind nun mal das Geheimnis eines guten Lebkuchens.

Ich mag Leila wirklich gerne. Als Welpe bin ich zu ihrer Familie gekommen, da war sie elf. Ihre Eltern waren von früh bis spät im Laden beschäftigt und dachten, ein Hund könnte dem Mädchen ein guter Gefährte sein. Seitdem passe ich auf sie auf. Sie hat mir auch meinen Namen gegeben: Bruno.

Leila ist schon in Ordnung, das muss ich sagen. Ich habe auch den Eindruck, das Geschäft mit den Lebkuchen läuft ganz gut. Monatelang hat sie gebacken, um genug Vorräte zu haben – zum Glück halten sich diese Lebkuchen ja ziemlich lange. Für mich ist so ein Lebkuchen immer ein bisschen wie ein Hundekuchen – ewig haltbar und nicht sehr spannend. Da ist doch eine Wurst etwas ganz anderes, aber mich fragt ja keiner.

Im Gegenteil! Jetzt ist Leila auch noch Vegetarierin geworden. Was Menschen sich alles einfallen lassen! Kein Fleisch essen, wer kommt denn auf so eine Idee? Ich hätte gar nicht darauf geach-

Christkindlesmarkt

tet, wenn Mimi mich nicht darauf hingewiesen hätte: „Ist dir eigentlich schon aufgefallen, dass Leila kein Fleisch und keine Wurst mehr isst? Ihr Mittagsbrot ist immer mit Käse belegt, manchmal auch mit Hummus." Wahrscheinlich wollte sie mich damit beeindrucken, dass sie weiß, was Hummus ist, aber da muss sie früher aufstehen! Mimi interessiert sich sehr für Lebensmittel, gerade solche neumodischen. Als Weihnachtsmarktmaus lassen sich die neusten Lebensmitteltrends jedenfalls bestens studieren.

Mimi habe ich kennengelernt, als wir unseren Stand gerade frisch bezogen haben. Eigentlich darf ich ja nicht mit auf den Weihnachtsmarkt, denn Hunde sind hier strengstens verboten! Aber Leila will mich auch nicht zu Hause lassen, und so hat sie mir eine Art Geheimversteck unter dem Tresen eingerichtet, hinter einem Vorhang. Ich bin nicht mehr der Allerjüngste. Als fast zwölfjähriger Cocker Spaniel bin ich schon zufrieden, wenn ich einfach daliegen und von Bratwürsten träumen kann. Außerdem muss ja auch einer auf Leila aufpassen. Wer weiß, was auf einem Christkindlesmarkt so alles passieren kann!

Jedenfalls lag ich da eines Tages – ich hatte nicht geschlafen, nur ein wenig geschlummert –, da hörte ich ein leises Piepsen. Ich schlug die Augen auf, und vor mir saß – eine Maus. „Was guckst du so? Hast du noch nie eine Maus gesehen?", fragte sie. „Doch,

aber noch nie eine, die sich einfach in mein Geheimversteck wagt." „Was soll das heißen, DEIN Geheimversteck? Das hier ist mein Revier, und ich habe dich nicht eingeladen." „Wieso dein Revier?" „Meine Familie wohnt seit Jahrhunderten unter Stoltzings Würstelstand. Wusstest du nicht, dass es den Christkindlesmarkt schon seit dem Mittelalter gibt? 1628 ist er zuerst erwähnt worden, aber es gibt ihn schon viel länger." „Ja, doch, das wusste ich." Ich bin ja nicht ungebildet. „Siehste. Und wo ein Markt ist, gibt es auch Mäuse." „Und ihr habt hier feste Reviere?" „Na klar. Meine Familie wohnt unter Stoltzings Stand, seit es Würstel gibt auf der Welt."

Das musste ich erst einmal verdauen. Ich dachte, der Stand sei unserer oder zumindest Leilas. Und ich weiß ganz genau, dass Leila ein bisschen Angst vor Mäusen hat. Deshalb wollte ich auf gar keinen Fall ihre Aufmerksamkeit auf diesen frechen Eindringling ziehen.

Ich beschloss, etwas Zeit zu gewinnen: „Wie heißt du überhaupt?" Sie schaute mich würdevoll an. „Mein Name ist Josefa Adelgunde Wilhelmine Wagner. Aber meine Freunde sagen Mimi zu mir. Mimi Wagner." Ich gab mir Mühe, nicht zu lachen. „Josefa Adelgunde Wilhelmine?" „Ja, das sind bei uns traditionelle Mädchenmausnamen.

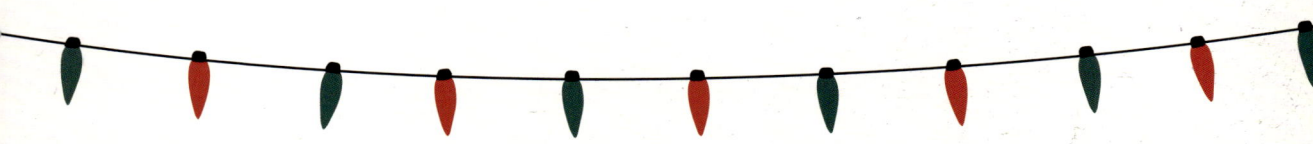

Außerdem habe ich zweihundertdreiundvierzig Cousinen, da braucht man mindestens drei Namen, um nicht verwechselt zu werden, und kann nicht so wählerisch sein."

„Aber wenn ihr unter Stoltzings Stand wohnt, was machst du dann hier?" Jetzt schaute sie doch ein bisschen verlegen. „Ich mache mir gar nicht so viel aus Würsteln. Und immer der ganze Senf, den sie überall dazugeben. Aber Lebkuchen ..." Ihr Blick wurde träumerisch.

Tja. So ist es auf der Welt. Ich wäre lieber ein Wurstbudenhund, und Mimi wäre lieber eine Lebkuchenmaus. Wir mussten geradezu Freunde werden. Und um ehrlich zu sein, bin ich ganz froh, dass Mimi aufgetaucht ist. Die Maus kennt sich nämlich wirklich gut aus auf dem Markt. Ich glaube, am liebsten wäre sie für die „Nürnberger Zeitung" Gastrokritikerin. Neulich fragte sie, ob ich weiß, was ein Blog sei. „Blog? Kann man das essen?"

Außerdem warnt sie mich immer, wenn der Marktaufseher sich nähert. Dieser Herr Beckmesser ist nämlich gar nicht nett. Es würde ihn nur zu sehr freuen, wenn er Leila eine Strafe aufbrummen könnte, weil sie einen Hund in ihrem Stand versteckt. Ich weiß nicht, wie Mimi das macht, aber sie scheint immer zu wissen, wann er gleich um die Ecke biegt. Und dann

schlüpfe ich einfach aus der Hintertür und gehe ein bisschen spazieren, bis er seine Inspektion beendet hat.

Herr Beckmesser ist nicht der Einzige, der Leila das Leben schwer macht. Es fällt mir nicht leicht, es zuzugeben, denn wer will schon etwas Schlechtes über einen Würstelbrater sagen, aber Walter, der Sohn vom alten Stoltzing, schaut Leila beim Vorbeigehen immer so von oben herab an. Aber in unbeobachteten Momenten blickt er mit einem gänzlich anderen Ausdruck in seinen Augen zu unserem Stand herüber und kann sich gar nicht losreißen. An den Lebkuchen kann das ja nicht liegen.

Leila aber beachtet Walter nicht. Vielleicht liegt es daran, dass er ihr in der Schule immer am Zopf gezogen hat. Oder dass sie eben jetzt Vegetarierin ist.

Dachte ich jedenfalls. Neulich aber sagte Mimi etwas Überraschendes. Sie war auf einer ihrer investigativen Markttouren unterwegs und legte bei unserem Stand eine Pause ein, um sich mit Lebkuchenkrümeln zu stärken. Dabei berichtete sie, dass es jetzt einen Stand mit Tofuwürstchen auf dem Christkindlesmarkt gibt. „Was?" Ich bin ja ein toleranter Hund, aber Tofuwürstel? „Wenn du's nicht weißt, schmeckst du gar keinen Unterschied!" „Das glaube ich nie und nimmer.

Würstel bleibt Würstel." „Das sagt Walter auch immer."

„Wie ist eigentlich dieser Walter so?" „Och, gar kein so schlechter Kerl." „Wirklich? Warum starrt er dann immer so feindselig zu uns herüber?" Mimi sagte ganz ungerührt: „Weil er verliebt ist in Leila." „Ach was!" „Klar. Schon seit er mit ihr in der Schule war. Er kann es halt nur nicht zugeben."

Konnte das sein? Menschen sind ja komisch. „Du meinst also, die beiden mögen sich eigentlich, wissen es aber selbst nicht?" „Genauso ist es." Mimi ist ja ein weibliches Wesen, die wittern so etwas wie Liebe wie ein guter Cocker Spaniel eine Blutwurst – aus zehn Kilometer Entfernung. Außerdem hat sie zweihundertdreiundvierzig Cousinen.

„Was machen wir denn da?" „Machen? Wir?" „Klar. Man muss doch etwas tun, um ihnen zu helfen." „Ihr Hunde seid so anstrengend. Immer wollt ihr gleich helfen." „Nun sei mal nicht so. Du bekommst ja auch immer deine Lebkuchenkrümel." Mimis Blick bekam diese spezielle Lebkuchenweichheit.

„Vielleicht ist Lebkuchen das Stichwort. Leila verkauft doch diese leckeren Lebkuchenherzen mit Schokoladenüberzug. Vielleicht sollten wir morgens mal ein solches Herz an Stoltzings Standtür hängen, bevor Walter aufschließt."

Gesagt, getan. Leila öffnet ihren Stand immer ganz früh, lange bevor irgendjemand – außer mir – an Bratwürstchen denkt. Zum Glück war Mimi da. Ich steuerte kaum auf ein Lebkuchenherz zu, da piepste sie schon los: „Nicht das! Da steht doch ‚Ein Herz für Vegetarier' drauf! Damit können wir gleich einpacken!" Gut, dass Mimi lesen kann. Ich nahm ein anderes. Kurz danach hing das Herz an der Türklinke. Ich war stolz.

Mimi und ich legten uns auf die Lauer. Da kam Walter auch schon. Er stutzte, als er das Herz sah, schaute sich um, dann steckte er es in die Tasche und verschwand im Inneren seines Standes. „Morgen machen wir das wieder", sagte Mimi.

Zwei Tage passierte gar nichts. Jeden Morgen hängten wir ein Herz an die Wurstbudentür. Jeden Morgen nahm Walter es an sich. Am dritten Tag stand er nachmittags, als gerade nicht viel los war und die Kälte allen in die Knochen kroch, vor unserem Stand mit zwei dampfenden Bechern. Er druckste ein bisschen herum, dann nuschelte er: „Ich hab dir einen Kakao geholt, Leila." Sie war ganz überrascht, nahm aber den Kakao – schon, weil ihr schrecklich kalt war. Und Walter verschwand schnell wieder.

Wer weiß, wie lange das noch so weitergegangen wäre, wenn nicht am vierten Tag Mimis Frühwarnsystem versagt hätte. Vor dem Stand eines Schweizer Käsehändlers ganz in der Nähe ließ eine ungeschickte Kundin ein frisch mit

Petersilie und Paprika bestreutes Raclette-Brot fallen. Dieser Versuchung war Mimi einfach nicht gewachsen! Die Mission Lebkuchenherz musste ich diesmal alleine durchführen.

Ich hatte gerade das Herz im Maul und steuerte auf die Standtür von Stoltzings zu, als Herr Beckmesser um die Ecke bog. „Aha! Hab ich dich erwischt!", rief er. Schon hatte er ein Stück Kreide gezückt und malte auf Leilas Stand irgendwelche Zeichen. Ich war ganz verdattert und blieb wie angewurzelt stehen, da packte mich Beckmesser auch schon und wollte mich wegschleifen. Ich ließ das Herz fallen und fing an zu bellen, da öffnete Leila ihre Standtür.

„Was ist denn hier los? Was machen Sie mit meinem Hund?" „Soso. Ihr Hund ist das also. Erstens hat Ihr Hund an Ihrem Stand gar nichts verloren, das ist gegen die Marktordnung; zweitens nutzen Sie ihn als Bringedienst. Das sind schon zwei Ordnungswidrigkeiten, das wird Sie Ihre Standlizenz kosten!" „Ich benutze meinen Hund doch nicht als Bringedienst, sind Sie verrückt?" „Und was ist das da? Ein Lebkuchenherz. Wollen Sie etwa leugnen, dass das Ihre Ware ist? Und wo wollte der Hund denn damit hin? Hunde essen doch keine Lebkuchen!" Der Typ

war eine unfassbare Nervensäge, aber wo er recht hatte, hatte er recht.

Ich sah schon mit Besorgnis, wie Leila tief Luft holte, um diesem Beckmesser mal so richtig die Meinung zu sagen, da wurde sie unterbrochen. Zum Glück. Um die Ecke bog nämlich Walter. Der sah die Szene, erblickte das Lebkuchenherz, das mir aus dem Maul gefallen war, schaute von Leila zu Beckmesser und zu mir und erfasste sofort, was die Stunde geschlagen hatte.

„Herr Beckmesser! Wie schön, Sie zu sehen!", legte er gleich los. „Wollten Sie zu uns? Haben Sie schon unsere sensationelle neue Wurstkreation probiert? Ich hatte überlegt, ob wir diese nicht nach Ihnen benennen können ... Kommen Sie, ich lege für Sie gleich mal eine Kostprobe auf den Grill." Beckmesser war so leicht nicht zu übertölpeln, obwohl er natürlich vor den alteingesessenen Stoltzings einen Heidenrespekt hatte. „Herr Stoltzing, das ist ja sehr nett von Ihnen und von Ihrem verehrten Herrn Vater. So ein begnadeter Meistermetzger, also Ehre, wem Ehre gebührt. Aber ich muss mich wirklich erst um diesen unerhörten Vorfall kümmern. Ihre Standnachbarin hat hier doch allen Ernstes einen Hund in ihrem Stand beherbergt

und nutzt den auch noch als Bringedienst! Ich weiß gar nicht, wo ich anfangen soll, das sind so viele Ordnungswidrigkeiten auf einmal. Da muss ich sofort das Veterinäramt einschalten."

Jetzt wurde mir doch etwas mulmig. Das Veterinäramt? „Aber, Herr Beckmesser, schauen Sie, das ist kein Bringedienst, eher ein Scherz unter Nachbarn. Seit Tagen bringt mir Bruno jeden Morgen so ein Herz. Ich finde das eine nette Geste unter Kollegen. Sie nicht? Da müssen Sie doch nicht so streng sein. Haben Sie schon einmal eines von Leilas Herzen probiert? Die sind wirklich köstlich. Sicherlich überlässt Sie Ihnen gerne ein paar Kostproben. Und packt auch ein paar für Ihre liebe Frau Gemahlin ein." Leila, die das Spiel jetzt begriffen hatte, nickte und hielt ihm gleich eine Tüte hin. „Und jetzt kommen Sie mit, mein Vater ist gerade beim Frühschoppen am Glühweinstand, er freut sich immer, Sie zu sehen. Ich bin sicher, wenn wir da fertig sind, ist von dem Hund hier keine Spur mehr."

Vor dieser Charmeoffensive kapitulierte Beckmesser schließlich. Er dackelte hinter Walter her, und weg waren sie. Leila rief umgehend ihre Mutter an, damit sie mich schleunigst vom Markt abholte. Deshalb musste ich mir den Rest der Geschichte von Mimi erzählen lassen, als ich kurz vor Weihnachten doch noch einmal mit auf den Christkindlesmarkt durfte – es war der letzte Markttag, was sollte Herr Beckmesser uns da noch anhaben?

„Ich hab es dir ja gleich gesagt", erklärte Mimi mit stolzgeschwellter Brust. „Verliebt sind die beiden, wie Backfische. Und apropos Backfisch, hast du gesehen, dass der Fischstand eine Gasse weiter jetzt geräucherten Saibling anbietet? Köstlich ..." „Mimi! Was schert mich der Fischstand?" „Du bist kulinarisch einfach nicht aufgeschlossen, Bruno. Aber was soll man auch von einem Wurstliebhaber erwarten. Walter und Leila jedenfalls sind ein Herz und eine Seele, seit er sie vor Beckmesser gerettet hat. Abends nach Marktschluss laufen sie stundenlang durch das nächtliche Nürnberg und halten Händchen."

„Mimi, du hattest recht. Leila ist wirklich glücklich. Fast kommt es mir so vor, als hätte es doch einen tieferen Sinn gehabt, dass ich nicht mehr auf den Markt durfte." „Und ich habe noch eine gute Nachricht für dich: Beckmesser geht demnächst in Pension, dann könnt ihr es noch einmal mit deinem Geheimversteck versuchen. Denn die Stoltzings werden schon dafür sorgen, dass sich diese zwei Stände auch nächstes Jahr gegenüberliegen." „Mimi, wenn das klappt, dann probiere ich auch eins von deinen Tofuwürsteln. Versprochen!"

Alexa Nieschlag

Käsespätzle mit Röstzwiebeln

Ein wahrer Seelenschmeichler sind Käsespätzle – ein Klassiker, der ganz ohne Fleisch auskommt. An kalten Tagen, nach einem langen Winterspaziergang ist es das perfekte Essen, um sich aufzuwärmen.

Für 4 Portionen

Für die Spätzle
250 g Spätzlemehl
250 g Hartweizengrieß
6 Eier (Gr. M)
Salz
frisch gemahlener
schwarzer Pfeffer
frisch geriebene
Muskatnuss

Für die Röstzwiebeln
1 Gemüsezwiebel
1–2 EL Mehl
1 EL Butterschmalz
½ EL Zucker
Salz

Außerdem
200 g Emmentaler
150 g Gruyère
1 EL Butter
1 Stängel krause Petersilie
frisch gemahlener
schwarzer Pfeffer

Für die Spätzle Mehl, Grieß, Eier, ca. 200 ml Wasser, Salz, Pfeffer und Muskat in eine Schüssel geben und mit einem Holzlöffel zu einem glatten, zähen Teig verarbeiten. 20 Min. ruhen lassen.

In der Zwischenzeit für die Röstzwiebeln die Gemüsezwiebel schälen, in kurze, feine Streifen schneiden und mehlieren. In einer großen Pfanne Butterschmalz erhitzen und die Zwiebeln darin mit dem Zucker bei mittlerer Hitze rösten. Die Zwiebeln immer wieder wenden, gegen Ende salzen. Sobald die Zwiebeln knusprig braun geröstet sind, diese in der Pfanne abkühlen lassen.

Den Spätzleteig mit einer Spätzlereibe oder von einem feuchten Holzbrett abschaben. Portionsweise in einem offenen Topf mit reichlich Salzwasser aufkochen, bis sie an der Oberfläche schwimmen. Dann mit einem Schaumlöffel herausnehmen und mit kaltem Wasser abbrausen. Die Spätzle in einem Sieb gut abtropfen lassen.

Beide Käsesorten reiben. Etwa 1 EL Käse zum Anrichten beiseitestellen. Butter in einer Pfanne erhitzen und darin die Spätzle leicht anbraten. Den geriebenen Käse zugeben, schmelzen lassen und unterrühren. Die Spätzle immer wieder wenden, bis der Käse leicht gebräunt ist. Die Petersilie abbrausen, trocken schütteln und fein hacken.

Die Käsespätzle auf Tellern anrichten, mit Röstzwiebeln, etwas geriebenem Käse, Pfeffer und Petersilie bestreuen und direkt servieren.

Tipp
Die verwendeten Käsesorten lassen sich nach Belieben variieren. Ein kräftiger Bergkäse passt z. B. auch wunderbar.

Blutwurst-Ravioli
mit gebratenen Apfelscheiben

Die Blutwurst gilt als die älteste bei uns bekannte Wurstsorte. Hier trifft sie auf italienische Pasta und wird durch die Süße der Äpfel und das Aroma der Zwiebeln zu einem einzigartigen Geschmackserlebnis.

Für die Ravioli Mehl, Eier, Salz und Öl zu einem glatten, festen und elastischen Teig verkneten. Zu einer Kugel formen, in Frischhaltefolie wickeln und ca. 1 Std. kühl stellen.

Inzwischen für die Füllung die Blutwurst von der Pelle befreien. Schalotten und Knoblauch schälen und mit der Blutwurst und dem Eigelb in eine Moulinette geben und zu einer Farce zerkleinern. Majoran zufügen und mit Salz und Pfeffer würzen. Beiseitestellen.

Apfel waschen, vierteln und in feine Scheiben schneiden. In einer Pfanne die Apfelscheiben in Butter glasig dünsten. Herausnehmen und zur Seite stellen. Die Zwiebel schälen, in Ringe schneiden und in Mehl wälzen. In der gleichen Pfanne die Zwiebelringe in Butterschmalz knusprig ausbraten.

Den vorbereiteten Nudelteig auf einer leicht bemehlten Arbeitsfläche nochmals durchkneten und mithilfe einer Nudelmaschine zu dünnen Teigplatten ausrollen. Die Farce teelöffelweise im Abstand von jeweils 4 cm in die Mitte der Teigplatte setzen.

Die Teigplatte an den Rändern und um die Füllung herum mit Eiweiß bestreichen, eine zweite Teigplatte darauflegen und um die Füllung herum fest andrücken. Die gefüllten Teigplatten mit einem Ausstecher oder Teigschneider in die gewünschte Form bringen. Die fertigen Ravioli am besten auf einem mit Mehl bestreuten Backblech zwischenlagern. Anschließend in leicht kochendem Salzwasser 2–3 Min. garen.

Die Blutwurst-Ravioli auf Teller geben und mit den Apfelscheiben und Zwiebelringen anrichten. Mit frischem Majoran dekorieren.

Für 4 Portionen

Für die Ravioli
400 g Pastamehl (Type 00),
alternativ: Mehl (Type 405)
4 Eier (Gr. M)
1 TL Salz
1 TL Olivenöl
400 g Blutwurst
2 Schalotten
1 Knoblauchzehe
1 Eigelb
1 TL frischer Majoran
Salz
frisch gemahlener
schwarzer Pfeffer
1 Eiweiß

Für die Apfelscheiben
1 Apfel (Boskop)
1 EL Butter

Für die Zwiebelringe
1 Zwiebel
1 EL Mehl
2 EL Butterschmalz

Außerdem
1 Handvoll Majoranblätter

Pilzsuppe unter der Brothaube

Diese Suppe ist einfach zuzubereiten und ein echter Hingucker! Für ein weihnachtliches Menü eine raffinierte Vorspeise, die Ihre Gäste staunen lässt. Die überbackene Brothaube gibt der Pilzsuppe ihren besonderen Geschmack.

Für 4–6 Portionen

Für die Brothaube
200 g Mehl
10 g Hefe
½ TL Salz
2 EL Olivenöl
1 Eiweiß
1 Eigelb, mit etwas Milch vermischt

Für die Suppe
250 g gemischte Pilze (z. B. Champignons, Pfifferlinge, Steinpilze)
1 Stückchen Knollensellerie
1 kleine Stange Lauch
1 Möhre
1 Knoblauchzehe
1 EL Rapsöl
1 TL getrockneter Majoran
Salz
frisch gemahlener schwarzer Pfeffer
1 l Hühnerbrühe
50–100 ml Weißwein
100 ml Sahne

Für die Brothaube Mehl, Hefe, Salz, Öl und ca. 100 ml lauwarmes Wasser mit den Knethaken des Handrührgeräts ca. 10 Min. lang zu einem geschmeidigen Hefeteig kneten. Diesen zugedeckt 20 Min. an einem warmen Ort gehen lassen, bis sich der Teig verdoppelt hat.

Währenddessen für die Suppe die Pilze putzen. Zwei Champignons in feine Scheiben schneiden und beiseitestellen. Die übrigen Pilze fein würfeln. Das restliche Gemüse putzen und schälen, die Knoblauchzehe ebenfalls schälen und alles fein würfeln. Zusammen mit den gewürfelten Pilzen im heißen Öl anschwitzen. Mit Majoran, Salz und Pfeffer würzen. Brühe und Weißwein angießen. Das Ganze 20 Min. köcheln lassen, dann pürieren und mit Sahne verfeinern.

Den Backofen auf 180 °C einstellen.

Die Suppe auf ofenfeste Suppentassen verteilen. Den Suppentassenrand mit Eiweiß bepinseln – dann hält der Teig besser und verrutscht nicht. Den Teig ausrollen und Kreise, deren Durchmesser 4 cm größer sind als die Suppentassen, ausschneiden. Auf jede Suppentasse einen Teigdeckel legen. Ränder gut festdrücken. Mit der Eigelbmischung bepinseln und 15–20 Min. im Ofen backen, bis die Deckel goldgelb sind.

Tipp
Der Hefeteig kann auch durch einen Blätterteig ersetzt werden – dieser wird etwas fluffiger. Zudem lassen sich aus Teigresten z. B. Sterne ausstechen, die auf die Deckel geklebt werden können. Das sieht toll aus.

Karpfen in Bierteig mit Kartoffelspalten und Möhren

Karpfen ist ein beliebter Speisefisch, der traditionell zu Weihnachten gegessen wird. Die „Aischgründer Karpfen" sind eine bekannte regionale Spezialität und werden halbiert und mit Schwanz und Flosse ausgebacken. Für unser Rezept verwenden wir nur das Filet.

Den Backofen auf 200 °C vorheizen.

Kartoffeln gründlich waschen und vierteln (nicht schälen). Mit Olivenöl mischen und auf einem mit Backpapier ausgelegten Backblech verteilen. Mit Salz und Pfeffer würzen und ca. 30 Min. backen. Nach der Hälfte der Zeit die Kartoffeln wenden.

Für den Bierteig Bier und Mehl zu einem Teig verrühren und mit Salz und Pfeffer würzen. Zur Seite stellen und 10 Min. ruhen lassen.

Die Möhren putzen, schälen und der Länge nach halbieren. In einer Pfanne Öl erhitzen und die Möhren darin andünsten. Mit Salz und Pfeffer würzen und ca. 150 ml Wasser zufügen, bei niedriger Temperatur 8–10 Min. zugedeckt garen lassen, die Möhren ab und zu wenden.

Für den Fisch Öl in einem schmalen, hohen Topf erhitzen, bis an einem Holzstiel Bläschen aufsteigen. Die Fischfilets dritteln und trocken tupfen. Mit ein paar Spritzern Zitronensaft beträufeln und leicht salzen. Die Karpfenstücke in Mehl wenden und überschüssiges Mehl abklopfen. Dann durch den Bierteig ziehen und die Stücke nacheinander im heißen Öl ca. 5 Min. ausbacken, bis der Teig knusprig goldgelb ist. Auf Küchenkrepp abtropfen lassen.

Dill abbrausen, trocken schütteln und fein hacken. Zitrone heiß abwaschen und in Scheiben schneiden. Fisch, Kartoffeln und Möhren auf Tellern anrichten und mit Dill und Zitrone garniert servieren.

Für 4 Portionen

Für die Kartoffeln
1 kg Kartoffeln (vorwiegend festkochend)
1 EL Olivenöl

Für den Fisch
150 ml Bier (Kellerbier)
100 g Mehl
½ l neutrales Öl zum Frittieren
4 Karpfenfilets à 300 g (ohne Haut)
Saft von ½ Bio-Zitrone
1 EL Mehl zum Wenden

Für die Möhren
12 (bunte) Möhren
1 TL Rapsöl

Außerdem
Salz
frisch gemahlener schwarzer Pfeffer
2 Stängel Dill
½ Bio-Zitrone

Krautwickel in Landbiersoß

Krautwickel, auch genannt Graudwiggerler, Grautwiggala oder schlicht Kohlrouladen, sind klassische Hausmannskost. Hierzulande werden sie meist aus Wirsing-, Weißkohl- und seltener Rotkohlblättern gewickelt.

Für 4 Personen

Für die Krautwickel

1 Wirsing
Salz
1 Zwiebel
600 g gemischtes
Hackfleisch
1 Ei (Gr. M)
1 TL mittelscharfer Senf
50 g Semmelbrösel
1 TL getrockneter Majoran
½ TL Paprika (edelsüß)
1 Prise frisch geriebene
Muskatnuss
½ TL Pfeffer
1 TL Butterschmalz

Für die Soße

1 Zwiebel
2 Möhren
2 Kartoffeln (mehlig-
kochend)
1 EL Tomatenmark
1 Lorbeerblatt
1 Prise Zucker
200 ml dunkles Bier
400 ml Rinderbrühe

Außerdem

Küchengarn

Für die Krautwickel die äußeren Blätter vom Wirsing entfernen. Die übrigen Blätter vom Strunk entfernen und gut waschen. In kochendem Salzwasser ca. 2 Min. blanchieren und anschließend in eiskaltem Wasser abschrecken, damit so wenig wie möglich von der grünen Farbe verloren geht. Danach die Blätter trocken tupfen und zur Seite stellen.

Die Zwiebel schälen, fein würfeln und mit Hackfleisch, Ei, Senf, Semmelbröseln und Gewürzen mit den Händen in einer Schüssel gut durchkneten. Mit Salz und Pfeffer würzen.

Je nach Größe der Blätter reichen pro Roulade 2 Wirsingblätter. Die Blätter etwas übereinanderlegen und mittig mit Hackfleischmasse füllen. Mit allen Blättern so verfahren, bis die Hackfleischmasse aufgebraucht ist. Die Blätter straff zusammenrollen, dabei die Seiten zu einem Päckchen einschlagen und alles mit Küchengarn fixieren. Butterschmalz in einem Schmortopf erhitzen und die Krautwickel von beiden Seiten anbraten und danach wieder entnehmen.

Für die Soße das Gemüse schälen und in feine Stücke schneiden. In demselben Schmortopf das Gemüse mit Tomatenmark, Lorbeerblatt und Zucker anrösten und gut umrühren. Nach 2–3 Min. mit Bier ablöschen. Brühe zugießen und die Krautwickel in die Soße legen. Mit geschlossenem Deckel ca. 30 Min. bei mittlerer Hitze köcheln lassen.

Die Krautwickel herausnehmen und mit einem Pürierstab den Sud mit dem Gemüse zu einer Soße pürieren. Für die nötige Bindung sorgen die mitgegarten Kartoffeln und Möhren. Falls die Soße zu dickflüssig geworden ist, noch etwas Brühe oder Bier zufügen. Mit Salz und Pfeffer würzen.

Die Krautwickel mit der Soße anrichten.

Bratwurstauflauf mit Sauerkraut

Dieser einfache Auflauf ist ein echter Seelenschmeichler und kommt zur kalten Winterzeit bei vielen gerne auf den Tisch.

Zwiebel schälen, in feine Würfel schneiden und in 1 TL Butterschmalz glasig dünsten. Sauerkraut, Brühe, Apfelessig, Gewürze und Zucker zufügen. Mit Salz und Pfeffer würzen und mit geschlossenem Deckel 20–30 Min. köcheln lassen. Nach der Garzeit die Gewürze entfernen und, falls nötig, das Sauerkaut abtropfen lassen.

In der Zwischenzeit Kartoffeln schälen, vierteln und in Salzwasser ca. 20 Min. kochen lassen. Abgießen und die Kartoffeln kurz ausdampfen lassen. Die Milch erhitzen, nicht kochen. Mit einem Kartoffelstampfer die Kartoffeln zu Püree verarbeiten. Dabei nach und nach die heiße Milch untermengen. Zum Schluss Butter und Muskat zufügen. Mit Salz würzen.

Den Backofen auf 180 °C vorheizen.

Die Rostbratwürstchen kurz in einer Pfanne in 1 TL Butterschmalz anbraten. Auflaufform einfetten und die Hälfte des Pürees hineingeben, Sauerkraut darauf verteilen. Das restliche Kartoffelpüree daraufgeben und die Würstchen etwas in das Püree drücken. Mit dem geriebenen Käse bestreuen und 30 Min. im Backofen überbacken.

Schnittlauch abbrausen, trocken tupfen, in Röllchen schneiden und über den Auflauf streuen.

Tipp

Wer mag, kann ein Stück Sellerie mit den Kartoffeln zusammen kochen und beides zu einem Püree stampfen – das gibt dem Ganzen eine besondere Würze! Anstelle der Würstchen eignet sich auch Kasseler.

Für 1 Auflaufform
(ca. 20 x 30 cm)

1 Zwiebel
Butterschmalz
500 g Sauerkraut
300 ml Gemüse- oder Fleischbrühe
1 EL Apfelessig
2 Lorbeerblätter
3 Gewürznelken
3 Pimentkörner
1 EL Zucker
Salz
1 TL weißer Pfeffer
1 kg Kartoffeln (mehlig-kochend)
ca. 100 ml Milch
1 EL Butter
1 Prise frisch geriebene Muskatnuss
7 Rostbratwürstchen
150 g geriebener Käse (z. B. Bergkäse und Cheddar)

Außerdem
Schnittlauch

Schäufele mit Kloß

Hier werden Kindheitserinnerungen wach, so hat es auch bei Oma geschmeckt. Nach dem Originalrezept muss das Fleisch lange im Ofen schmoren, bis es sich leicht vom Knochen lösen lässt und die Kruste schön „rösch" ist.

Für 4 Portionen

Für die Schäufele

2 rote Zwiebeln
1 Stange Lauch
2 Möhren
2 Petersilienwurzeln
½ Bund krause Petersilie
1 Lorbeerblatt
6 Wacholderbeeren
1 TL schwarze
Pfefferkörner
2 TL ganzer Kümmel
1 TL getrockneter Majoran
3 TL Salz plus etwas
für das Fleisch
4 Schweineschultern
à 600 g
frisch gemahlener
schwarzer Pfeffer

Für die Klöße

1,5 kg Kartoffeln (mehlig-
kochend)
1–2 TL Kartoffelstärke plus
1 EL fürs Kochwasser
½ TL Salz

Den Backofen auf 160 °C vorheizen.

Für die Schäufele Zwiebeln schälen, grob würfeln. Das restliche Gemüse und die Petersilie waschen und grob zerkleinern. Das Gemüse zusammen mit den Gewürzen in eine große Auflaufform geben. Mit 800 ml Wasser aufgießen, sodass alles gut bedeckt ist. Die Schäufele mit der Schwarte nach unten in die Flüssigkeit legen und alles mit Pfeffer würzen.

Die Schäufele für ca. 30 Min. im Backofen garen. Anschließend aus dem Ofen nehmen. Die Schwarte mit einem scharfen Messer rautenförmig einritzen (nicht durchschneiden). Mit der Schwarte nach oben zeigend in die Auflaufform legen. Für weitere 2–2 Std. 30 Min. garen.

Für die Klöße die Hälfte der Kartoffeln mit Schale 20 Min. kochen. Danach kalt abschrecken, pellen und fein reiben. Die andere Hälfte der Kartoffeln schälen und roh fein reiben. Die rohen Kartoffeln in einem Sieb über einer Schüssel abtropfen lassen und das aufgefangene Wasser stehen lassen, bis sich die Stärke abgesetzt hat, und dann abschöpfen. Die abgeschöpfte Stärke plus die zusätzliche Kartoffelstärke und Salz mit den rohen und gekochten Kartoffeln zu einem Teig vermengen. Daraus 12 Klöße formen.

Einen Topf mit Wasser füllen, Kartoffelstärke einrühren und aufkochen lassen. Sobald die Stärke das Wasser etwas angedickt hat, die Klöße einlegen, Hitze reduzieren und die Klöße 20 Min. simmern lassen, bis sie an die Oberfläche schwimmen. Das Kloßwasser nicht wegschütten.

Schäufele und Gemüse aus der Form nehmen und den Sud in einen Topf geben. Einkochen lassen, zum Andicken etwas Kloßwasser einrühren. Den Ofen auf 220 °C und Grillfunktion einstellen. Die eingeritzte Schwarte vom Schäufele salzen. Die Schäufele ohne Gemüse und Soße wieder in den Ofen stellen und warten, bis die Kruste „aufpoppt".

Krautkrapfen

Einst ein Arme-Leute-Essen sind Krautkrapfen heute ein beliebtes Familiengericht. Die Schinkenwürfel geben dem saftigen Sauerkraut eine besondere Note.

Zwiebel schälen und in feine Würfel schneiden. Die Speckwürfel mit der Zwiebel in einem Topf mit Griebenschmalz anbraten. Das Sauerkraut zerpflücken und zugeben. Mit dem Wein und 100 ml der Gemüsebrühe aufgießen. Den Kümmel in einer Pfanne ohne Fett anrösten. Alle Gewürze zum Sauerkraut geben und ca. 20 Min. bei mittlerer Hitze köcheln lassen. Zum Schluss das Sauerkraut mit Salz und Pfeffer würzen.

Den Backofen auf 180 °C vorheizen. Eine Auflaufform mit Griebenschmalz einfetten.

Den Nudelteig auf einer leicht bemehlten Arbeitsfläche mit einem Nudelholz dünn ausrollen. Die Platte sollte ca. 30 x 60 cm groß sein.

Das Sauerkraut abtropfen lassen, Wacholderbeeren und Lorbeerblatt entfernen und dann auf der Nudelplatte verteilen, dabei den Rand aussparen. Den äußeren Rand mit etwas Wasser bestreichen und die Teigplatte vorsichtig von der Längs-seite wie einen Strudel aufrollen. Die Ränder fest andrücken. Die Nudelrolle in ca. 5 cm lange Stücke schneiden, aufrecht und dicht aneinander platziert in die Auflaufform setzen. Krautkrapfen mit 300 ml Gemüsebrühe aufgießen und im Backofen 30–40 Min. backen lassen.

Schnittlauch abbrausen, trocken tupfen, in feine Röllchen schneiden und über die Krautkrapfen streuen.

Tipp

Krautkrapfen können Sie mit etwas Butterschmalz auch in einer gusseisernen oder beschichteten Pfanne zubereiten. Wichtig ist nur, dass die Krapfen in der Pfanne bei geringer Hitze (mit Deckel) sehr langsam garen, sonst werden sie schwarz, bevor der Nudelteig innen gar ist.

Für 4 Portionen

frischer Nudelteig
(siehe Seite 46)

Für die Füllung
1 Zwiebel
250 g Speckwürfel
1 TL Griebenschmalz plus
1 TL zum Einfetten der
Form
700 g Sauerkraut
100 ml Weißwein
400 ml Gemüsebrühe
1 TL ganzer Kümmel
2 Wacholderbeeren
1 Lorbeerblatt
½ TL gemahlener Piment
Salz
frisch gemahlener
schwarzer Pfeffer

Außerdem
3 Stängel Schnittlauch

Nürnberger Gwerch

Dieser traditionelle Wurstsalat ist für den kleinen Hunger vor der großen Bescherung an Heiligabend bestens geeignet. Das „Durcheinander" (Gwerch) im Glas lässt sich unkompliziert vorbereiten.

Für ca. 10 kleine Portionen

150 g roter Presssack
150 g weißer Presssack
150 g Leberkäse
100 g Stadtwurst
1 rote Zwiebel
200 ml Rapsöl
100 ml Weißweinessig
1 TL Senf
1 Prise Zucker
Salz
frisch gemahlener
schwarzer Pfeffer

Außerdem

2 Scheiben Roggenbrot
1 TL Olivenöl
100–200 g Ochsen-
maulsalat
frischer Kerbel

Alle Wurstsorten in feine Streifen schneiden. Die Zwiebel schälen, halbieren und in sehr feine Ringe schneiden. Das Öl mit Essig, Senf und Zucker zu einem Dressing mixen. Mit Salz und Pfeffer würzen. Das Dressing über die Wurststreifen geben und die Zwiebelringe unterheben. Für 1 Std. ziehen lassen.

Die Brotscheiben würfeln und in einer beschichteten Pfanne in Öl knusprig anbraten.

Den durchgezogenen Wurstsalat in Gläschen füllen und mit Brotwürfeln und Ochsenmaulsalat toppen. Mit Kerbel dekorieren.

Tipp

Mit weiteren Zutaten wie Käse, Essiggurken, gekochten Eiern oder Tomaten können Sie den Wurstsalat nach Belieben variieren. Mit Schwarzbrot serviert wird er zu einem vollwertigen Abendbrot.

Bierkutscherpfanne

Früher wurde das Bier noch mit einer Kutsche und zwei vorgespannten Pferden an die Wirtshäuser entlang der Aisch ausgeliefert. Für die Bierkutscher kam dann nach getaner Arbeit etwas Deftiges auf den Tisch. Natürlich durfte das passende Bier dazu nicht fehlen.

Die Kartoffeln schälen, waschen und grob raspeln. Die Bratwürste aufschneiden, das Brät herausdrücken und aus der Hälfte kleine Kugeln formen. Die andere Hälfte des Bräts beiseitestellen. Schalotten und Knoblauch schälen und in feine Würfel schneiden. In einer Pfanne das Öl erhitzen und die Schalotten- und Knoblauchwürfel glasig dünsten.

Die Petersilie und den Majoran abbrausen, trocken schütteln, Blätter abzupfen und fein hacken. Die geraspelten Kartoffeln, das restliche Brät, die Kräuter und den zerstoßenen Kümmel in die Pfanne geben und alles miteinander verrühren. Mit Salz und Pfeffer würzen.

Den Backofen auf 180 °C (Umluft) vorheizen.

Die Kartoffelmasse in eine große, ofenfeste Bratpfanne oder eine gefettete Auflaufform (ca. 20 x 30 cm) füllen und die Brätkugeln gleichmäßig darauf verteilen. Den Camembert klein schneiden und auf dem Auflauf verteilen. Im Backofen 25–30 Min. backen. Anschließend mit Petersilie dekorieren.

Tipp

Bei den meisten Metzgern wird schon fertiges Brät angeboten. Schweinemett eignet sich ebenfalls. Weiteres Gemüse wie geraspelte Möhren und Sellerie lassen sich gut damit kombinieren. Als Beilage schmeckt ein knackiger, grüner Salat.

Für 4 Personen

1 kg Kartoffeln (vorwiegend festkochend)
2–3 grobe Bratwürste
3 Schalotten
2 Knoblauchzehen
1 EL Rapsöl
2 Stängel Petersilie plus etwas zum Dekorieren
2 Stängel Majoran
1 TL zerstoßener Kümmel
Salz
frisch gemahlener schwarzer Pfeffer
200 g Camembert (alternativ: Bauernhandkäse)

DANKE

... für die regionale und
kulinarische Unterstützung :
Andrea Gottfreund

... für die wunderschöne
Weihnachtsgeschichte:
Alexa Nieschlag

... an das beste Team:
Hölker Verlag

Lisa Nieschlag

... ist Designerin, Kochbuch-Autorin und Food-Fotografin.

Mit ihren fotografischen Inszenierungen macht sie zahlreichen Lesern Appetit auf mehr. Erst recht, wenn sie dann als Stylistin alles noch so geschmackvoll in Szene setzt. Die Küche ist Lisas kreativer und kulinarischer Kosmos.

Lisa betreibt den beliebten Food-Blog „Liz & Friends".

www.lizandfriends.de

Lars Wentrup

... ist ein Allrounder: Designer, Illustrator, Feinschmecker und Testesser. Und er liebt Bücher.

Angespornt durch das kreative Foodstyling und die eindrucksvollen Bildwelten schafft Lars die perfekte Plattform und bringt den – in jeder Hinsicht – guten Geschmack zu Papier.

Seit 2001 führt Lars gemeinsam mit Lisa eine Agentur für Kommunikationsdesign in Münster.

Impressum

5 4 3 2 1   25 24 23 22 21
ISBN 978-3-88117-258-5
© 2021 Hölker Verlag
in der Coppenrath Verlag GmbH & Co. KG
Hafenweg 30, 48155 Münster, Germany
Alle Rechte vorbehalten, auch auszugsweise
www.hoelker-verlag.de

Autoren:
Lisa Nieschlag und Lars Wentrup

Gestaltung und Satz:
Nieschlag + Wentrup
Agentur für Kommunikationsdesign
www.nieschlag-wentrup.de

Food-Fotografie:
Lisa Nieschlag, *www.lisanieschlag.de*

Rezepte & Food-Styling:
Andrea Gottfreund, *www.gottfreunds.de*

Nürnberg-Fotografie:
Bernd Schwinn (Seite 1, 8, 16, 32, Titel)
Birgit Horvath (Seite 25, 50)
Marcus Puschmann (Seite 56, 57)
Fabian Pfaffenberger (Seite 17)
AMzPhoto, Shutterstock (Seite 24 oben)
cge2010, Shutterstock (Seite 24 unten)
MXW Stock, Shutterstock (Seite 33)
TTstudio, Shutterstock (Seite 64)
Karl-Friedrich Hohl, iStock (Seite 72)

Geschichte:
Alexa Nieschlag (S. 36–43)

Redaktion:
Muriel Magon

Lektorat:
Mareike Bartholomäus

Litho:
FSM Premedia GmbH & Co. KG, Münster

Printed in Germany

Wir drucken klimaneutral und unterstützen
mit dem Druck dieses Buches ein wichtiges
Klimaschutzprojekt.